Del giro en la quietud

Mariano Castro

OLIFANTE
Serie Maior

Colección fundada y dirigida por Trinidad Ruiz Marcellán

Edición conmemorativa del XLVI Aniversario
de la creación de OLIFANTE. Ediciones de Poesía

Del giro en la quietud
MARIANO CASTRO

Editado por OLIFANTE. Ediciones de Poesía
Diseño gráfico: Vicente Pascual

I.S.B.N.: 978-84-128991-8-4
Depósito Legal: Z 224-2025

Impreso en España por COMETA, S.A.
PRINTED IN SPAIN

Foto: María José Sáenz.

au geste qui fait passer
le je vers le tu

Bernard Noël

Desnudo de todo, sin querer nada.

Juan de la Cruz

I

la luz
l'agua la palabra
comu la boca
si avrin

Clarisse Nicoïdski

Como rosa de luz

José Luis Puerto

Oigo el albo susurro
que del orbe desciende,
cendal de cándida belleza,
y respiro su música infinita.

Quién pudiera tañer
con los dedos del tiempo
y percibir el aire de la edad,
misteriosa memoria que reposa,
como ahora la nieve,
en piedras milenarias.

(Trasmoz)

El sol rompe en el valle
la música del éter
y se oyen las esquilas
de un rebaño invisible,
un súbito fulgor
más real que tú mismo.

Hace frío en la cumbre
de nieve coronada.

Y desciendes
pensando en el alivio
del teatro de sombras
y el fuego en el hogar.

Nunca sabrás
lo que perdiste arriba.

Una casa levanta en el talud
serias dudas de su estabilidad.

Todo mira hacia el valle.

¿Qué vive aquí y qué respira?
¿Qué calidez custodia el interior?

Hay en la casa un raro ofrecimiento:
el símbolo que nombra el rigor del vacío,
mas el amor también y la certeza
que rueda monte abajo para dar
noticia de no sé muy bien qué altura.

Contempla este paisaje
y escucha su silencio.

Es silencio la nieve
y, sin embargo, habla.

Aun del clamor es germen el silencio.

Habla, pues, ¿y qué dice?

Sólo puede saberlo
quien se olvida a sí mismo.

Es un canto el silencio.
Un canto seminal para quien busca
ardentía en los páramos helados.

Rosa de cielo abierto
aún ofrendas tu aroma
de eternas horas seco
y vivo para siempre,
tumba casi de pétalos.

SIGNOS alados en el aire,
augurios de la primavera.

Ellas vuelven y son reales
y así se manifiestan
frente al que parte y no se mueve,
frente al soñado y al que sueña.

Canción de tiempo ya vencido
que en el ojo discute su apariencia.

Has buscado las fuentes del sentido,
el sospechoso pulso de lo propio,
en el hondón de la incertidumbre.

Has querido tapar el hueco que te hiere
con la sola palabra arrancada al silencio.

Has perseguido luz en la pupila
de la sombra con el empeño inútil
y la triste razón de la locura.

Y ahora, exhausto, pides solamente
abandonarte en la belleza.

No te hagas más preguntas.
No reclames a Bóreas por las huellas borradas.
No exijas lo que tú no puedes ofrecer.
No busques en la luz la raíz de lo oscuro.
No pretendas saber más que el lenguaje.
No tortures a la palabra o nunca cantará.

La acción es enemiga de lo móvil,
del flujo natural inamovible
de la perduración.

Todo se tornará ciego horizonte,
paso breve
                y sombra perdurable,
quimérica visión, deslenguada promesa,
viático nocturno de ceniza.

Oh, tú, rosa de luz,
pura sustancia de la claridad,
haz más dulce el dolor, no tan humano,
en el ígneo limes del lenguaje.

Esta antigua y pesada
costumbre de lo exacto
desordena las páginas
de la memoria.

Todo fue como tú lo recuerdas.

El azar es tan sólo
rigor de dioses abatidos,

y el yerro siempre oculta una verdad.

La boca del turbión de madrugada
es un túnel oscuro
por donde huyen el pueblo, las cosas y los seres.

Y auguras que, tal vez, cuando amanezca,
y la lengua febril del dragón prometeico
la gélida atmósfera del espacio inflame,

nada quede por fin de fantasía
ni de realidad.

El camino concluye en el azul cuerpo del cielo.
Así lo ves y así lo crees
y justificas la escalada,
pues a veces supones que tu razón mayor
existe en las alturas,
en ese espacio inhóspito y lejano.

La cifra verdadera –te dices a ti mismo–
se oculta en lo imposible e irrenunciable.

Y continúas con tan ciego aliento.

Sólo más tarde buscarás,
disuelto el trampantojo,
el aroma fecundo de un aire más humano,
la música del valle, el color de los lirios,
la humilde admiración –como canto de ave
sin porqué, como pluma sin término ni origen–
que borra la inquietud y todas las preguntas.

Este tótem antiguo, en los meses vernales,
semeja una sagrada vaca oscura
vestida con los restos del invierno.

Residente del aire y de la luz,
nos dirige sus dones
en el envés de las horas eternas,
arcano de la edad.

Mírala en el albor cada mañana
y recítale tu gratitud,
igual que estás haciendo en este instante,
pues ella es una, sólo una,
munifica in solitudine mater.

(Moncayo)

II

¿Qué significará el amanecer
para quien no conoce sino la noche
y el sueño que sucede al sueño?

Blanca Varela

El discurso corrupto necesita
unos cuantos cadáveres
para ocultar su propio hedor.

No os extrañen atentados y crímenes,
pues son consustanciales al poder.

El arte nos ofrece otra palabra,
aquella que musita un aire limpio,
la que nadie pronuncia por recelo,
la que se enfrenta a la ley de los hombres,
la que incluso se atreve a desmentirnos.

Antígona, la primera mujer,
hízose germen creador
de nuevos horizontes,
oráculo de un tú donde el yo se diluye,
donde el sujeto muere,
donde sólo perdura
un eterno latido universal.

SUENA un acorde no resuelto
en el cegado resplandor del día
y en la lejana noche sueña
para morir y así vivir.

Este roble antiguo que hoy escuchas,
el muérdago sumiso al oro de la hoz,
un mismo idioma hablan,
una lengua que nunca alcanzas a entender.

Acaricias resignado el fenómeno
en el espejo roto de tu
                                        identidad
y proclamas la sola luz
de ese registro oscuro
donde despierta y hasta el fondo asciende
el noúmeno mudo e invisible
de un edén con semblante de espejismo.

VACIARSE del todo
para ser ya nada:
la forma material,
                    aun invisible,
de un ser siempre superior a la muerte.

La paz que a ti te alcanza
no es ausencia de pugnas ni debilidad;
sabes bien que se enfrenta a lo terrible,
a las lóbregas sombras de lo humano,
al grito,
        al dolor,
                al sufrimiento,
pero no la repudies ni te juzgues culpable:
a todos se ofreció y solo
con ella permaneces,
como noche de luz perdida entre los dedos.

El hallazgo en la búsqueda se pierde;
la busca, en el pensar.

Vertiginoso flujo
de la quietud inamovible
arrojada a los huesos del silencio,
a la distancia mínima
entre el lenguaje
                y la imaginación.

SALIR de ti y transformarte
en la bruma de un doble sin pronombres;
ser tan sólo la memoria deshecha
de un yo jamás constituido.

Y la tarde encendida desemboca
del ocaso en la púrpura callada,
inquieta vibración hacia lo oscuro,
cuando cierras también el pensamiento.

RUIDO sordo en el agua
ha escapado del iris.

Lo consuelan los círculos
diluidos en las piedras;
el azar lo indispone.

No acepta ser efecto
de una causa perdida.

Ese dolor que callas
me concierne.

No consintamos más.

Salgo de mí y regreso
hacia al origen:

en él siempre estás tú.

El disparo del hambre,
el aullido terrible del signo de la muerte:
serpentina en la mácula engreída
de la conciencia lenta como un buey.

La larga lengua de mudez infame
ignora lo que ve y desatiende
el clamor encendido de los desheredados.

Un protervo *ballet* en el proscenio,
en la sala glacial de la tumba del mundo.

Navegación sin norte,
ruido de huesos triste en el oído sordo
del ciego bienestar.

Tú, que el presente llenas
con el humo de lo que nunca fuiste,
jamás serás futuro ni ceniza
ni polvo enamorado,
sino invisible espectro de la nada.

III

¿Está pues vivo
el espacio de que vive lo moviente?
¡Piedad por la pupila, el objetivo,
piedad por cuanto se hace manifiesto,
piedad por el que parte y el que llega,
piedad por el que alcanza o ha alcanzado,
piedad por quien no sabe que la nada y el todo
sólo son velos de lo Impronunciable,
piedad por quien lo sabe, quien lo dice,
quien lo ignora y va a tientas en la sombra
de las palabras!

Eugenio Montale
(Versión de José Ángel Valente)

Oscuro estás sumido
en el polvo de ayer,
azogue que refleja
la túrbida ficción de tu pasado.

Zuñe un rumor de sangre
y la perplejidad
con su dedo de asombro te señala.

El resplandor que atrás dejaste
de ruinas devoradas por el fuego
es hoy la luz que alumbra
un torpe y desnortado paso.

El deseo te mata,
mas no vives sin él;
tan sólo sobrevives
abrazado
a la necesidad.

Subir a ti, subir
a la secreta pulpa de tu fruto.

Subir a ti, subir
hacia la luz que vivifica y mata.

Subir a ti, subir
hasta ese inmenso espacio donde escribes,
con memoria de aire y rumores de ausencia,
este callar que a los dos nos nombra.

Esa arruga tan noble te embellece:
es la señal del tiempo que has vivido
en la dulce tormenta del amor.

ERRANTE en la fatiga te pronuncias:
nada anhelas, mas todo lo reclamas.

Deja que la quietud
a las horas otorgue eternidad,
y presume que ya vives y te mueves
con el mundo.

Si la encendida belleza del día
terrible se desangra en el ocaso,
si el rostro misterioso de la noche
palidece y muere con la aurora,
escucha con fervor
el susurro inaudible de la vida:
en su ritmo está el tiempo
y en él te encuentras tú.

Esta calma mortal
no es ningún sueño:

el flujo fugitivo de las horas
una palabra viva escribe en ti.

Las huellas del cierzo de la edad
adornan la sustancia que soporta
el rigor del espíritu.

Y no le preocupa.

Sólo pide que haya luz en las ruinas
cuando por fin la muerte las alcance
y que puedan leerse
los últimos vocablos:

el sentido improbable del cuento de su historia.

En los *claros del bosque*
bendice la acuidad
de todos los sentidos
y olvida su quehacer.

No anheles el fulgor ni la certeza.

Deja que a ti te halle
lo que tan sólo alcanza
a los extraviados.

En los cabellos enredado
de un inabarcable sotobosque,
libre y esclavo de la fronda
y ya de ti perdido,
sientes la condena y la gracia.

Álzase el canto de las aves
desde las altas ramas al azur
y el ojo es alegría.

El cuerpo se hace música
en el oído de la eternidad.

Hundes las manos en el barro
para tocar el centro que te diga
con lengua incomprensible
lo que sólo aparece
en el olvido de la ausencia.

ACARICIA el silencio,
sólo quebrado por la sed del agua,
la heredad donde duerme la semilla.

Augurio de la aparición del fruto,
de la ciegas razones que lo nombren.

En la boca revienta el lexicón
como pedo de lobo
y en humo se convierte la semántica.

Ni siquiera podemos consolarnos
al pensar esparcidas las esporas.

SIMETRÍA de sombras
en el ángulo muerto del ocaso.

La música del agua
en el oído
del abismo interior.

Tiene flores dolientes
el hálito desnudo;
el lenguaje pregunta
y el idioma sortea las respuestas.

Ilumina la noche
el agudo clamar de lo imposible.

En la ciudad nocturna de la anosmia,
llueven sutiles gotas de fragancia
que bien podrían explicar el mundo.

Ofreces la palabra del exilio interior.

Deja ya tu cuidado
                                        y no temas.

Tan sólo ha de sufrir el desamparo
aquel que escape de sí mismo.

Lo que vive de ti es desengaño,
cadáver protegido con disfraces,
aprobación innoble, lamentable aquiescencia
de una realidad mortífera y espuria.

Has muerto una vez ya y de nuevo morirás:
triste rito de vida profanada.

LLEGASTE con las sombras,
como ladrón que a sí mismo se roba
y prefiere ignorarlo.

Con las sombras, en un sigilo oscuro,
y con álgido norte y lluvia de otra vida.

En tus ojos hay un lustre inquietante
que seduce y tortura,
el reflejo siniestro de una aberración:

eres el doble que demuestra
una precaria identidad.

Enmudece la bruma
la tibia claridad de amanecida,
la vocación del musgo en la piel de la piedra,
el etéreo sonido que en el humus se esconde.

Inusitado y fabuloso canto,
resuelto advenimiento que nunca se descubre.

Mas aún atesoras una sola merced
de agua y aceite perdurables,
para lavar y ungir tu cuerpo;
de bondad trasnochada, un triste rictus,
y este juego inocente, inútil y sin fin
con el lenguaje.

Nubes de palabras usadas,
¿qué lluvia van a dar?

Elias Canetti

NOTA BIOBIBLIOGRÁFICA

Mariano Castro (Zaragoza, 1954). Médico y poeta.

Ha publicado las siguientes obras: *Travesía* (en *Poemas* 1992, Ayuntamiento de Zaragoza), *El juego de los tiempos* (en *Poemas* 1993, Ayuntamiento de Zaragoza), *Límite de salvación* (en *Poemas* 1994, Ayuntamiento de Zaragoza), *Paraíso de fuego* (Premio Universidad de Zaragoza, 1996), *En el rostro del aire* (Zaragoza, Institución «Fernando el Católico», 1999; Premio «Santa Isabel, Reina de Portugal» de Poesía, 1998, y finalista del Premio Nacional de la Crítica, 2000), *Los dedos de la luz* (Zaragoza, Gobierno de Aragón, 2003, con fotografías de José Verón Gormaz), *El pájaro y la piedra* (Zaragoza, Prensas Universitarias, 2008), *Lugar* (Calatayud, CEB, 2012), *Lugar* (Toledo, Lastura Ediciones, 2018) y *El ojo y la ceniza* (Zaragoza. Olifante, 2019).

En 2002 aparece *El sueño de la luz* (Zaragoza, Libros de Berna, Lola Editorial), atribuido a Clara L. Montenegro.

En 2004 vierte al castellano *Casa última*, del poeta gallego Xulio L. Valcárcel (Zaragoza, Libros de Berna, Lola Editorial, edición bilingüe).

En 2013 ve la luz el texto en catalán *Paraules d'un nouvingut al Delta* (en «IV Mostra Oberta de Poesía d'Alcanar»), del heterónimo Artur M. Ballesté.

Ha colaborado en distintas publicaciones periódicas de creación literaria y cultivó, asimismo, la crítica de arte en la revista «Pasarela Artes Plásticas».

En 2022 traduce, en edición bilingüe, para Olifante. Ediciones de Poesía, *La canción balbuciente* (1899), del poeta francés Léon Deubel.

Asesor literario de la colección de poesía «Libros de Berna» de Lola Editorial.

Codirector de la Casa del Poeta de Trasmoz (Zaragoza).

Textos suyos se muestran en la siguientes antologías y publicaciones colectivas: *20 Poetas aragoneses expuestos,* Zaragoza, edición de Félix Esteban, Olifante, 2007; *La luz escondida,* edición de José Antonio Conde y Raúl Herrero, Zaragoza, Libros del Innombrable, 2010; *Introducción a la historia de la literatura en Aragón,* María Soledad Catalán y Agustín Faro, Zaragoza, Mira Editores, 2010; *Los cisnes aragoneses. De Marcial a los penúltimos poetas,* Juan Domínguez Lasierra, Zaragoza, Delsan, 2013; *Los borbones en pelota,* edición coordinada por Manuel M. Forega, Olifante, 2014; *Con Clave de Fa aún Mayor*, Zaragoza, Gabinete de Ediciones Artísticas, 2015; *La danza de la muerte*, Natalio Bayo et la santa compaña, Zaragoza, Prames, 2019; *Las tentaciones de San Juan del río Huecha,* edición coordinada por Marta Domínguez Alonso y con ilustraciones de Miguel Ángel Domínguez, Olifante Ibérico, 2020; *La cadencia del mundo. Homenaje a Rosendo Tello*, Olifante Ibérico, 2021.

Poemas suyos han sido traducidos al francés, inglés y búlgaro.

ÍNDICE

En esta edición se empleó papel registro ahuesado en tamaño 70 × 100 de 125 gr m^2 y cartulina Opale de 250 gr m^2. Se utilizó el tipo Bodoni en los cuerpos 7, 8, 9, 10, 11, 12, 13, 18 y 24. Color Pantone 248 U.

Esta primera edición de
Del giro en la quietud
se acabó de imprimir
en los Talleres Editoriales Cometa, de Zaragoza,
cuidando el proceso técnico Albertina Lisbona.
Responsable de erratas, Tutivillus.
El libro fue encuadernado en
Encuadernaciones Raga, S.A.,
y quedó terminado el día 28 de febrero de 2025.
Se utilizó tipografía Bodoni
en los cuerpos 8, 9, 10, 11, 12, 14, 26 y 36
sobre papel Registro ahuesado de 125 gramos.
Su tiraje lo componen 1.000 ejemplares.

LIBROS PUBLICADOS EN ESTA COLECCIÓN

VICENTE PASCUAL
Las 100 vistas del Monte Interior

ÁNGEL GUINDA
Caja de lava

AUGUSTO DOS ANJOS
Yo. Antología breve

MARIFÉ SANTIAGO BOLAÑOS
Nos mira la piedad desde las alambradas

VV.AA.
Poetas de Otros Mundos. Resistencia y verdad
(Argelia, Egipto, Libia, Argentina, Chile, Colombia, Perú, Corea del Sur, India, Irak, Irán, Palestina, Siria, Albania, Armenia, Bulgaria, Eslovaquia, Finlandia, Irlanda, Serbia, Nueva Zelanda)

VV.AA.
No son versos lo que escribo. Breve antología del canto popular de la mujer iraquí
Edición de Abdul Hadi Sadoun

MANUEL MARTÍNEZ-FOREGA
León Felipe: de la soledad española al definitivo exilio mejicano: 1884-1938
(Aproximación a un poeta habitante del olvido)

TRINIDAD RUIZ MARCELLÁN
Una carta de amor como un disparo
Moncayo Moncayo

SARGON BOULUS
El humo de la brújula (Antología poética)

ÁNGEL GUINDA
Los deslumbramientos seguido de *Recapitulaciones*

RAINER MARIA RILKE
La canción de amor y muerte del alférez Christoph Rilke
Edición de Fernando J. Palacios León
V Premio Marcelo Reyes a la Traducción

VV.AA.
Poesía búlgara contemporánea
Traducción de Rada Panchovska y Ricardo Díez Pellejero
VI Premio Marcelo Reyes a la Traducción

VV.AA.
La casa del presente. 14 poetas vascos
Edición literaria de Íñigo Linaje y Ángel Guinda

MOHSEN EMADI
Sonata de ceniza (Una égloga)

ÁNGEL GUINDA
Aparición y otras desapariciones

AGUSTÍN PORRAS
La tarea del poeta

BELÉN MATEOS / FRAN PICÓN
En la bóveda de tu mirada

PILAR CLAU
Estar viva

MARIANO CASTRO
Del giro en la quietud